CÓMO PREVENIR EL BULLYING
Copyright © 2023 Samuel John Books

¿Sabías que aproximadamente uno de cada cuatro niños sufre algún tipo de acoso escolar?

¡Esos son muchos niños!

Por lo tanto, debes saber cómo detectar el acoso y cómo afrontar las diferentes situaciones.

¡Y para eso tienes la ayuda de esta útil guía contra el **bullying**! ¡Empecemos!

Ves a alguien golpeando a tu amigo en el brazo una y otra vez. Tu amigo le pide que pare, pero él se niega. ¿Qué debes hacer?
SCHOOL

Si presencias una situación de acoso físico, debes buscar al profesor o padre más cercano para pedir ayuda.

Nunca utilices la violencia física solo porque otra persona lo esté haciendo. Los agresores deben aprender que la violencia no es la solución.

Ves a unos niños siendo malos con alguien en la escuela. Le están señalando, insultando y riéndose de él. Esto sucede todos los días. ¿Qué debes hacer?

Debes ser valiente y defender a las personas que ves que están siendo acosadas. Es bueno para ellos saber que tienen gente a su lado que los apoya. Luego, deberás denunciar el acoso a un profesor o a un adulto responsable para acabar con el problema de una vez por todas.

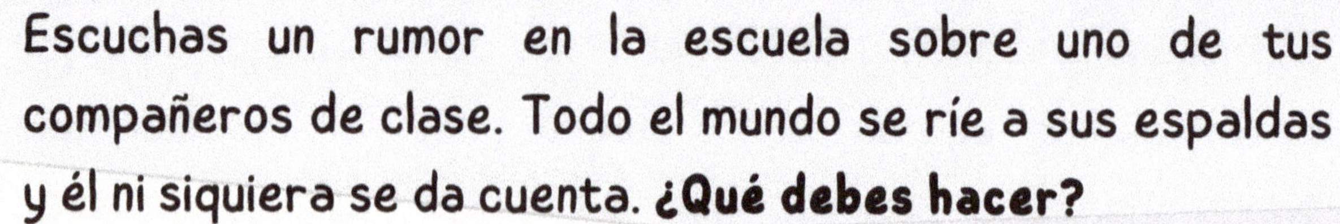

Escuchas un rumor en la escuela sobre uno de tus compañeros de clase. Todo el mundo se ríe a sus espaldas y él ni siquiera se da cuenta. ¿Qué debes hacer?

Informa a tu compañero sobre el rumor para que sepa lo que está pasando. Cuando escuches que se difunde un rumor en la escuela, dile a la gente que no está bien hacer eso. Nunca difundas el rumor tú mismo. Ofrécete a ir con tu compañero al director, para explicarle lo que está pasando.

Observas que a algunos niños de la escuela no se les pide que participen en los juegos del patio de recreo porque son diferentes a los demás. ¿Qué debes hacer?

Nunca se debe tratar a las personas de manera diferente por el color de su piel, su apariencia, su acento o su origen. Debes explicarles esto a tus compañeros y sugerirles que incluyan a todos en el juego. Si se niegan, sería amable empezar un nuevo juego con los niños que han quedado apartados. Luego cuéntale a un maestro lo que está pasando.

Uno de los niños mayores de la escuela te empuja contra la pared y te quita el dinero del almuerzo todos los días. ¿Qué debes hacer?

Aunque tengas miedo, lo mejor que puedes hacer es contarle a tus padres, familiares o profesores lo que está sucediendo. La única manera de detener el acoso es hablar de ello. Los adultos pueden hablar con el acosador y asegurarse de que te deje en paz en el futuro.

Estás bromeando y divirtiéndote con tus amigos. Haces una broma sobre el estuche de lápices de un compañero y este se enoja. Te dicen que a veces tus chistes malos resultan molestos. ¿Qué debes hacer?

A veces, puedes intimidar a alguien sin darte cuenta de que lo estás haciendo. Quizás a ti no te parezca algo intimidante, pero puede que a otra persona sí se lo parezca. Si alguien te dice que estás siendo un abusón, no te enojes ni te pongas a la defensiva. Di que lo sientes y esfuérzate por dejar de hacer lo que sea que le moleste.

Te encanta ir a la escuela con ropa llamativa y colorida, pero algunos de los otros niños se burlan de ti cuando lo haces. ¿Qué debes hacer?
203

No escuches lo que dicen los demás. Si te gusta usar algo y te hace sentir bien, sigue usándolo. Si las burlas continúan, cuéntale el problema a un profesor. Nunca debes sentirte avergonzado de mostrar tu propia personalidad.
203

Recibes regularmente mensajes de texto diciendo que eres un perdedor, pero no sabes de quién son. ¿Qué debes hacer?

Pídele a quien sea que se detenga y luego bloquea el número. Si sigues recibiendo mensajes de texto, debes hablar con tus padres o con un profesor sobre el acoso. El acoso en línea es tan grave como el acoso en persona.

Cómo saber cuando alguien está siendo un acosador:

- Están utilizando la violencia física.
- Se están burlando de alguien.
- Están creando rumores.
- Están dejando apartada a la gente a propósito.
- Están haciendo que otras personas se sientan tristes a propósito.
- Consiguen que otras personas se unan a su acoso.
- Te hacen sentir pequeño e indefenso.

- Hazle saber a la víctima que estás ahí para ayudar.
- Dale un abrazo a la víctima si parece molesta o triste.
- Ofrécete para acompañarla a decírselo a un profesor.
- Habla tú con un profesor o a un adulto en su nombre si tiene demasiado miedo.
- Nunca te unas al acoso.
- Dile al acosador que lo que está haciendo está mal.

Nunca debes tener miedo de denunciar a un acosador. Puede parecer aterrador enfrentarse a ellos, pero es la única manera de detener el **bullying** .

Si eres víctima de acoso o presencias el acoso de otra persona, debes informarlo a un profesor o a un adulto responsable lo antes posible. El acoso está mal y no deberías pasar por ello.

Espero que te haya gustado y que hayas aprendido cosas nuevas.

Quiero pedirte un favor para que este libro llegue a más personas, y es que lo valores con una sincera opinión en la plataforma donde lo hayas adquirido.

Con ese pequeño gesto me estarás ayudando a continuar con nuevos proyectos.

¡Estoy deseando empezar a crear mi próximo libro para ti!

¡Hasta pronto!

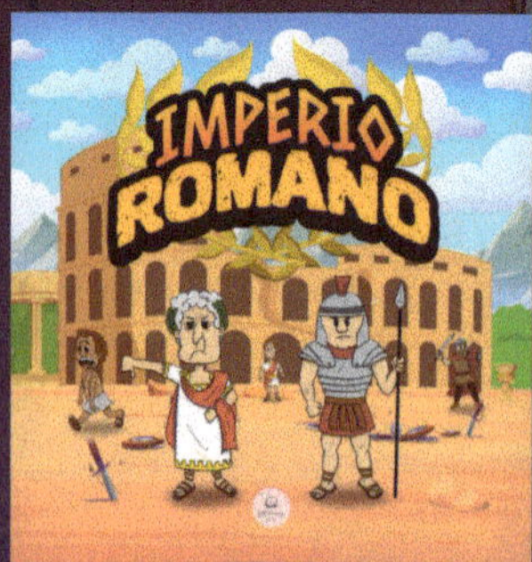

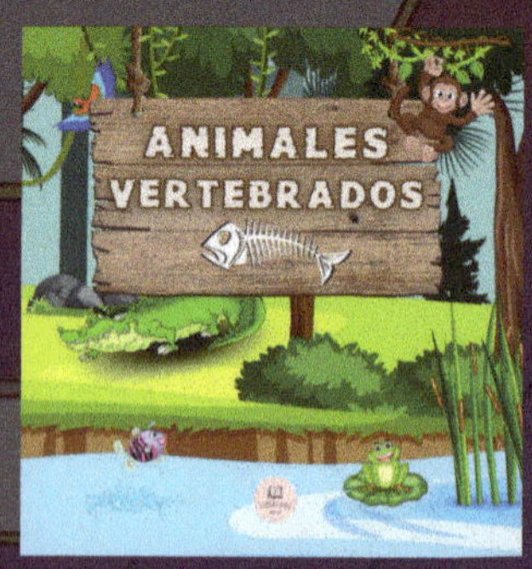

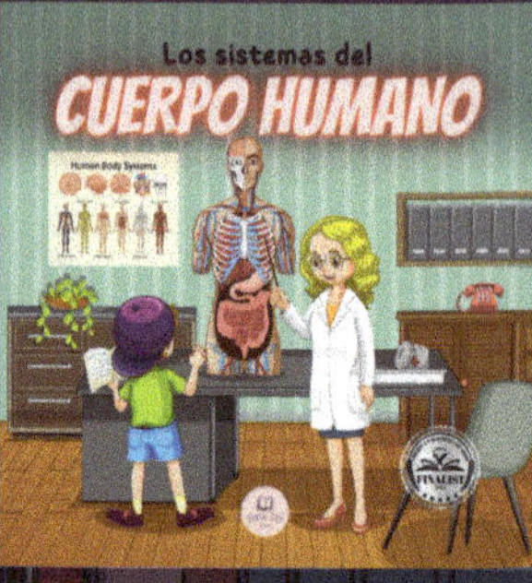

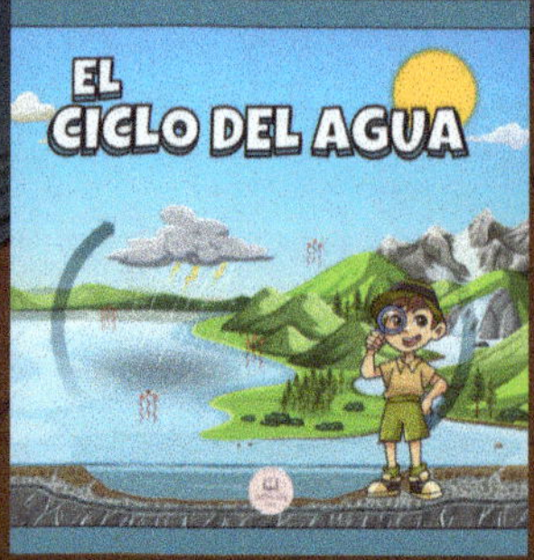

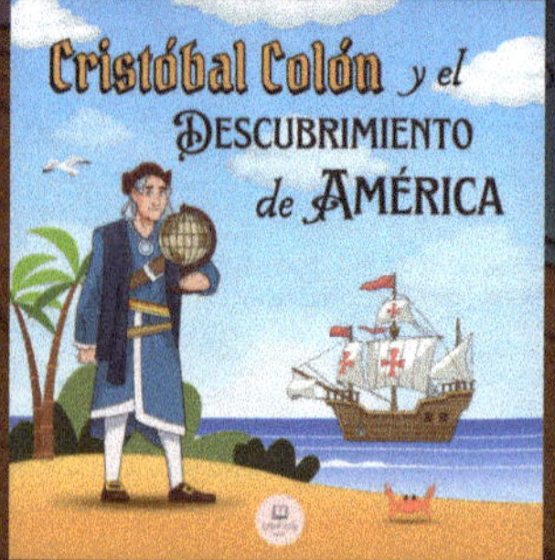

www.amazon.es/dp/B09P631TNS

contacto@samueljohnbooks.com

www.facebook.com/samueljohnbooksES

www.ingramcontent.com/pod-product-compliance
Lightning Source LLC
LaVergne TN
LVHW071006180726
843512LV00017B/1300